하얀성

국립중앙도서관 출판예정도서목록(CIP)

하얀성 : 박지현 시집 / 지은이: 박지현. -- 대전 : 지혜, 2
017
p. ; cm. -- (J.H classic ; 016)

ISBN 979-11-5728-259-3 03810 : ₩10000

한국 현대시[韓國現代詩]

811.7-KDC6
895.715-DDC23 CIP2017032085

J.H CLASSIC 016

하얀성

박지현

지혜

시인의 말

꿈을 꾸었다.
연금술적 언어의 그곳,
오롯이 나만을 위한 하얀성

* 하얀성을 향한 여정에 아낌없는 격려와 용기를 지원한 버시에게 나의 첫시집을 헌사함,

차 례

2부

3부

4부

• 일러두기

한 연이 첫 번째 행에서 시작될 때는 > 로 표시합니다.

1부

봄을 머금다

한 줄기 햇살이 땅속으로 스며들어 조용한 입맞춤으로 그들을 깨우고 있다

저어기 건너다 보이는 산기슭
겨우내 햇살이 데운 자리
바람의 가시와 부드러움이 움트고

봄을 손짓하는 솜털
지나온 시간의 향기가 키운 여린 가지
아기 속살처럼 부드러운 연둣빛 잎사귀엔
하얀 눈의 동화가 적혀 있다

봄을 차린 밥상의 두릅,
깨무는 순간
내내 참았던 겨울의 설움이
툭 터진다

하얀성*

가끔 헛헛해진 마음을 안고 찾아가는 보수동 헌책방 골목, 먼지에 쌓인 책들의 행간을 읽는다. 아무렇게 굴러다니다 쓰레기처럼 실려 온 활자들, 골목 사이 햇살에 묻혀 자신의 길을 잃어버렸다. 책갈피 사이의 한 자 한 자 정성들인 세계, 그 풋풋한 설렘 위에 먼지만 쌓인 낡은 서점, 그곳은 순백의 하얀성처럼 모든 것을 한 순간 바꾸어버릴 깊은 진실이 숨겨져 있다.

파피루스의 기록을 따라 가는 여정은 반복된 일상에서 벗어나 또 다른 세계를 꿈꾸는 나를 찾아가는 길, 권태로운 삶에 익숙한 내가 낯선 나를 위해 떠날 차비를 한다. 시야를 가리고 있는 뿌연 안개를 더듬어 스멀스멀 분출하는 용암처럼 또 다른 세계를 엿보는 노마드가 되어 짐을 꾸린다.

관습의 옷을 걸친 꿈을 잃은 고래들, 국경의 경계를 넘어 미지를 향하는 호모 노마드, 새로운 욕망은 길들여진 습관에서 벗어나는 것, 잃어버린 기억 언저리를 바꾸어 살아가는 삶을 상상한다.

파피루스엔 지나온 시간의 향기가 깊숙이 배어들어 살아온 기억이 문신처럼 새겨졌다. 아슴아슴 사그라지는 해가 지기도 전에 취해버린 오렌지 빛 노을, 그 취기는 전신으로 퍼지고 아직도 유효한 환상의 연금술, 나를 찾기 위한 시도를 한다.

* 오르한 파묵의 소설, 2006년 노벨문학상 수상작.

순천만灣

벽에 걸린 가방이 텅 비어있다
삶이 게의 발자국처럼
옆으로만 걸어가고
가방을 채워야 할 일상은 권태로 물들어 간다

시간 위를 떠 있는 꿈꾸는 바다

만을 파고 들어온 칠면초
그 붉은 빛,
마음에 자리하고 갯벌에서 숨쉬는
작은 구멍들

가만,
귀를 기울인다
하찮은 생명이라 미처 캐내지 못한
살아 꿈틀거리는 이야기는
만기가 된 적금처럼
가슴 한 자락이 풍선처럼 빵빵해 진다
오늘을 열심히 이어 갈 수 있기에
내일이란 꿈을 바라 볼 수 있다

>

낙조에 비친 모습이 초라하게 다가와
둥지 하나 없는
흔들거리는 갈대숲 사이의 시선과 마주하면
작은 소리들 울림으로 이어진다

가방 속 갈대는
연록에서 갈색으로,
잿빛 나신이 되어 또 다른 내일을 채운다

가을 사냥

가을을 쌈지에 달아 장대에 매달고
훠이 훠이 들판을 내달으면
하늘도 한 쟁반
햇살도 한 그릇
구름도 한 바가지
바람도 한 소쿠리

여치, 귀뚜라미, 메뚜기, 사마귀, 소금쟁이, 잠자리, 참새는 덤

망태기에 하나 가득
초가지붕에 곱게 말려
서까래에 걸어두고
기러기 서러운 밤
푸른 서리 아래
꿈마저 접어 두고
홀로 잠들 때
향피리 소리로 씻어두면
시름도
서름도
가을 울타리로 그만이겠네

화포천을 위한 습작

무거운 안개를 보듬은 새벽이 뿌연 가로등처럼 햇살에 반사되고 있다. 고라니 발자국은 젖은 풀섶 서걱거림으로 덮어버린다. 야생의 숲과 생명체들은 제각기 다른 길을 지니고 있다. 또 다른 질서가 지배하는 곡지, 습지는 해마다 불어난 홍수에 젖은 슬픈 물소리를 내고 물소리는 풍경의 한 부분으로 묻혀버렸고 물푸레나무 숲 사이의 잔가지 끝에서 거슬러 온 길의 아우성이 들린다. 시멘트 바닥이 최후의 보루를 쌓아 이제 빗방울 소리마저 아름답게 들리는 비밀의 화원, 풍경 사이에서 속살거리는 화원은 눈부시다. 비발디의 사계와 함께 화포천 달빛에 잠긴다.

무전취식

소들이 하품이나 하던 시골 마을에
공장들이 하나 둘 들어 서기 시작하더니
국제마을이 되고
편의점이 들어서고
급기야
중화요리집도 생겼다

이빨 빠진 호랑이 사냥 간 날
이때다 싶어
짜장면 한 그릇 시켜 수저를 들려는데
파리가 먼저 퍼질러 앉아
시식 중이다

그것도 부부가,
이글 어떡하지
궁리 끝에 단무지를 한 조각
슬그머니 옆으로 밀어 주며
같이 먹으라고 했더니
흥! 쳇
꼴불견이네 하며 휘리릭 날아 가버린다
짜장 값도 안 내고

망각의 조건

잊는다는 것은
너를 잊지 못하는 것은
그리움 때문이 아니라
잊은 후의 아픔이 더 크기 때문이다

망각의 조건은
상수도 변수도 아닌데
두 별 사이의 끊어진 다리 위에서
흘려야 할 눈물도
심해의 용암에 새겨야 할 말도
더 이상 남지 않을 것이다.

연암을 음미하는 밤

너무 일찍 태어나
그리하여
그 많은 새로움創新이 날개를 펼 수도 없었기에
시대를 비껴간 法古
시대의 인정을 받는 사내이기 보다 사람으로
살고 싶었던 연암,
책을 읽는 것은 앎을 위함이 아니라
풀기 위한 것임을 일깨워 주는 연암

사물의 이치를 깨달아 실천하여
세상을 밝히는 등불이 되는,
스스로 빛이 되어 지혜를 쌓는 것이라

이 말씀을 좇아
옛 성현들의 말과 진리를 찾아 펼쳐든 책
지혜롭게 살고 싶은 욕심에 낯설고 새로운 페이지를 기웃거리고 있다

손안에 든 책을 읽는 것은
천지만물의 조화를 비추는 성찰의 거울을 마주하는 것

>

오랜 비바람에도 변함없는 바위
그 단단함을 다듬을 정과 끌과 망치를 잊으면
그저 돌일 뿐

깊은 밤
연암의 일생을 들여다보며
케케묵은 응어리의 덮개에 자물쇠를 채운다

배달의 민족

잠깐 시동을 켜둔 차가 출발하려는 찰라
꽝-하는 굉음
사거리 앞
배달의 기수가 대각선으로 미끄러지면서
오토바이와 함께 모로 누웠다

빨리 빨리를 외치는 고객과의 약속
타임 알바생에게 원활한 속도를 주문하는 주인
멈춰진
그 속도에 꼼짝하지 않는 영혼
헬멧 사이 쏟아지는 불빛
누구를 위한 숨 가쁜 속도인가

빠른 속도를 주문한 적이 있던
제 삼자의 속절없는 슬픔
웅성거리는 눈빛들
미동도 않는 그는
누구의 자식인가
그 아픈 두려움 앞에
일면식이 없다는 것이

가슴을 쓸어내리는 매정한 이유

차가 달리는 내내 쓸어내린 가슴은 조금씩 채워졌고
끝없는 슬픔이 허공에서 심장으로 곤두박질친다

달빛문자

보이지 않는 문과 문 사이에서 공감이 존재한다

누구나 두드리면 들어갈 수 있는 밴드
아픔이 위안을 받을 수도 상처를 치유할 수도 있다
상식이 식상해지며
이성이 상실해
실성해지는 단어들
맞춤법에 대한 예의 따위는 내동댕이쳐져
뒤범벅이 되어 엇갈리는 말들의 카오스

이곳에는 누구나 신사도 신지식인도 될 수 있다
보이지 않는 내면을 서로 보듬기도 하고 깨부수기도 하는
상큼한 아침 인사로 시작하여 저녁 인사를 정중히 하는
그들만의 리그
모태솔로인 40대의 CEO 형준씨는 젖소농장의 주인
젖소와의 소통에서조차 예의범절이 깍듯하다
젖소에 대한 사랑을 눈으로 말하는 형준씨
하루 한 번의 포스팅
시간의 소금끼가 묻어있는 모음과 자음들
유머에 감각이 들썩거린다

절친들이 즐비한 이곳
불친절한 언어가 난무하면 슬며시 게슈타프가 방문
강제 퇴장시킨다

오늘도 늦은 밤까지
달빛 이면을 그림처럼 작성한 문자를
그림자처럼 전송하는
친절한
형 준 씨

쌉싸레하다

올망졸망 텃밭 같은 오일장
밭 언덕에서 한 장 두 장 따온 머구 잎
이틀 밤낮을 젖은 땀방울 넣어
깊은 우물 길어 우려낸 누우런 세월
주름 속에 감춰진 장방댁
허가 없이 함부로 난전에서 전을 편다

오후, 해거름의 시간
시들어가는 난전
오가는 행인들 가격만 물어볼 뿐
누구도 선뜻
열무와 상추 사이 달콤 쌉싸레한 머구잎 한 소쿠리
사려들진 않는다

할당받은 웃음, 허가제의 행복
이것도 다 못 누려 조바심치는 장방댁
누구에게나 주어진 생
조금 헐렁하게 살지
악착같은 생이 쐐기풀처럼 번진다

>

내생來生 어디쯤에
그 씁쓰레함이 삭이고 묵혀
두꺼운 쓰디쓴 맛이 다 우려나
한 송이 꽃으로 피어나려나

조금씩 헤아려지는 깊이
쌉싸래함이 벗겨져가고 있다

화장火葬

고통을 통해서 자신을 돌아다 본
필연 아닌 우연인 삶,
그 우연마저도 운명으로 받아들인
술래잡기 같은 일생
씨줄과 날줄로 교차된
미움과 사랑의 생,

감당하기 버거운 무게로
화장化粧을 한 그녀는
잔인하리만치 시린 바람을
가슴으로 받아 내면을
화사하게 화장化粧했다

불행의 제 꼬리를 무는 잠자리는
힘겨운 그녀 생의 초라한 실루엣
그악한 세월의 짙은 화장化粧
슬픔의 화장수로 지우고

그리움과 아픔의 자리를 털고 일어나
화장火葬을 하러 자작자작
걸어가고 있다

입술의 뼈

세상의 온갖 잡동사니를 맷돌마냥 간 입술의 뼈
지구 나이테만큼 나이가 들었다

습곡과 단층으로 이루어진
보철 속에 갇힌 이빨

숱한 되새김의 반복으로 고뇌하는 밤
같이 한 세월을 부여잡고 애원해도
이제는 헤어져야 할 때

마모된 세월의 흔적
환한 불빛 아래 삭아가는 입술의 뼈
가지런한 이빨을 어긋나게 한다

언어의 기의와 기표를 오물거려 잘 버무려 주고
인간의 유효기간을 연장시키는 입술 속 뼈
얇은 수면 위로 끼룩거리는 기계음
서로의 이별을 재촉하고 있다

능소화

잊자고 다짐해도 잊지를 못해
깨금발로 담장 넘어 고개를 내밀다
하루하루 태운 삶의 재가
또 하나의 생명의 수원이 되어
칠월의 녹음을 적시는데

먼발치에서
바라볼 수 없는 태양과 눈을 마주친 대가는 혹독하여라

마지막 순간
지고 있는 꽃이 아름다운 건
온 힘을 다해 피었기에
칠월의 녹음도 삶의 피로를 토해내는
절규에 멍이 든다

잊는다고
잊어지는 것이 아님을
그 많은 날들의 앙금
절절함이 사무쳐 멍든 칠월의 꽃들이여

물망골

익숙하지 않는 길목
버스가 저 만큼 떠나가고 있다

일상의 권태로움이 모든 것을 지워져
낯선 거리가 되어
망울망울 맺힌 땀방울에 적셔진다
물망골 버스 정류장
세월 마디마디 행간에 무늬가 그려져 있다

손 흔들며 떠나가지 못하는 수맥
잊혀진다는 것은
기억 저편
흔적의 퇴적물 같은 것

차창 사이 불어오는 한 줄기 바람
지나온 시간을 엮어 만들어진 동리가
나직이 웃음 띤 거리에
서성인다

깊은 계곡 한 줄기 물

발 담그는 파문
조용히 떨어지는 물소리
열쇠가 채워진다
물
  망
    골

바람, 그 가벼움의 변명

1

세상이 끝났다. 둔함, 혹은 가벼움의 홍역으로 바람이 스쳐간다.

2

갑각류의 더듬이가 예민하게 움직인다. 예감이란 촉각이 적중하는 순간 아지랑이 봄날 같은 오후의 나른함 속으로 바람과 함께 뒤통수를 강타 당한다. 명품의 브랜드가 진열되어 있는 쇼윈도 너머 눈동자들 비웃음을 흘리고, 짝퉁만 사용하는 그녀는 모두 명품으로 휘감고 있다고 말한다. 엘리트 노인들이 다니는 노인복지관의 실버대학 명품 후원 고령화시대의 서막이 열리고, 가난은 나라로 구제하지 못한다고 1×1=1 아무리 부딪쳐도 제자리걸음의 복지는 지네들끼리 싸우지, 무심코 밀어 넣었던 카-드가 삑~소리와 함께 주위의 시선을 모우고, 신용불량자 딱지의 우편물은 몇 달째 우편함에서 잠자고 있다

3

법정의 정치인이 절대로 기억하지 못하는 정치후원금의 지친 돈 냄새, 방심하고 가다가 발이 빠졌다. 가슴 한 아름 안은 과자를 다 먹지도 못하는 어린아이처럼 동물적 감정에 충실한 자신은 어쩔 수 없었다고 애증이 없다면 얼마나 밋밋한가, 묵인만이

고요와 더불어 하다, 맞바람으로 꿈을 꾼다. 곳곳이 바람의 남발이다.

4

때로 가슴 가득 불어오는 바람을 부여잡고 지나가기를 눈 감고 기다린다. 배신의 시작과 끝 바람과 함께 세뇌하고 경험자들은 사랑이야~라고 외치지 둔함 혹은 가벼움의 홍역으로 바람이 스쳐지나간다. 세상의 끝이 보이지 않는다

연서

생각만으로도 가슴 벅찬 첫사랑
살가운 마음처럼 숨길수록 드러나고
색이 바랄수록 새로워지는 연서
새로운 은유와 직유로 문법마저도
만들어내는 문장의 나열
자꾸 꺼내 읽어보고 싶어지는 의미 있는 글자

가만,
오색구름 위를 오르고
비 오는 밤에 소라껍질 속에 숨어 속살거리다
천둥소리에 눈이 멀어
안녕하고 두 눈 감으면 오히려 새옷으로 단장하는
별빛 그림자로 두런거린다

성운 같은 망각의 바퀴를 비껴난 바늘 한 땀 한 땀
빵한 가슴에 단추를 채우다
망치 하나 정 하나 들고 아스팔트 콘크리트를 깨부숴
텃밭 한 뙈기 마련하여
귀퉁이에 옮겨 심어
애틋한 물주고 정성들여 가꾸다보면

파릇한 새싹이 돋는 새 봄엔 꽃 피우려나

하늘을 들여 놓은 가슴
연둣빛 물들어 가는 사연들

첫사랑

첫사랑은 진달래 물들인 살가운 연서
소리쳐서 알리고 싶은
임금님 귀
장롱 속 골동품처럼 꼭꼭 숨겨둔
철 지난 연문戀文
국민교육헌장
은유도 직유도 문법도 없는 글자의 나열
무지개를 건너다 구름 위를 걷고
비 오는 밤
천둥소리에 눈이 머는
소라껍질 속 염서艶書
그만 하고 눈 감으면 되레
새옷으로 단장하는 별빛 그림자
잊어야 할 풀뿌리 사연
성운 같은 망각의 바퀴를 비껴나
바늘 하나 꽂을 데 없는
켜켜이 쌓인 먼지더미 가슴 속에
홀연히 피어나 벙어리
사랑이 구워낸 그리움 하나
휑한 가슴에 단추를 채우다

문득
망치 하나 정 하나 들고
아스팔트 콘크리트를 깨부수고 작은 텃밭 하나 가꾸어
살포시
접은 연서 심어
쑥대머리 한 가락 덮어주면
새 봄도 차마 비껴가지 못하리

목련

목련이 멍들었다
삼월이든
사월이든
그녀가 피기만 기다린 그들

칼자국 선명한 태양
용 문신을 한 구름
칼 같은 휘파람을 부는 바람이
소금을 뿌리는 밤에는
애써 별들도 고개를 돌리고
바람이 구름을 무등 태우고 떠난
비질한 하늘에 해가 빈둥거릴 때

창백한 그녀의 살결
갈색 멍에 닿는 손이 시려 겨우 묻는다
아프지?
괜찮아요
내년 봄이 있는걸요

청매실

푸른 색 깊이 삼월과 사월이
알알이 묻혀있는 청매실
매화잎 흩날리는 날들
가만 가만
눌러 영근 열매

청매실 담는 날
날씨도 고웁다
하늘 저 끝에서
물을 길러온다

청매실 담는 손
싱그럽기만 하다

청매실 재운 물
손안에 가득하다

청매실 담는 날
사랑의 시작이다

>

청매실 씨 뽑고
사랑을 재웠다

사랑이 익어가는 오월

구월을 보내다

구월을 떠나 보내려 강둑에 섰다
무심한 해는 자전거 도로 아스팔트를 달구고
떠돌다 멈추어 선
강변의 어색한 소나무 망연자실 한다
미루나무 잎은 야위어 가고
 갈대가 솜걷이를 하면
구월은 강 너머 저 어디쯤 가고 있으리

떠나 보낸다는 것은
아쉬움으로 승차권을 사고
그리움을 거스름으로 받는 것,
그러나
그리움에 목 메이지는 말자

쉼 없이 보내고 떠나는 저 강물을 보라
아쉬움의 몸부림도
그리움의 애절함이 없나니.
보내야 받을 수 있고
그리움 뒤
재회의 기쁨을 알기에

>

구월의 꼬리가 강을
다 건너기도 전에
저편 강둑에서
신발 벗는 시월이 보이지 않는가

호접몽

장복산 벚꽃이 사람보다 아름다워
꽃 아래 손잡고 입 맞추면
사랑에 취한 꽃잎
비 되어 내리고
나비 되어 날았는데
그 꽃 피웠던 가지 덩굴로 남아도
그 손 아직 따뜻하고
그 가슴 지금도 울렁이는 건
꽃이 사랑에 취하지 못함일까
사랑이 꽃보다 아름다운 것인가

앞으로 먼 날
장복산 벚꽃이야 피든 말든
따뜻한 손
뛰는 가슴
꿈 한 자락으로 잊혀 질 수 있을까

가을정원

거리가 노란 옷을 벗어 던지고 있다
무無를 향해 달음질하는 은행잎
자동차 뒷바퀴를 따라 구름처럼 떠도는
선명함으로 가득하다

계절은 멈춰 있는 것이 아닌
그대로 보여주기 위해
잠시 머뭇거리고 있을 뿐이다

볼을 감싼 손금들이 우수수 떨어진다
포물선을 그리는 은행잎
그 뒤를 따르는 회색 빌딩사이 거리의 정원사들
형형색색의 불빛은 추위에 떨고
바스락대는 빛의 빗자루 가을을 쓸고 있다

움츠려드는 계절의 경계
겨울을 향해 달음박질하듯
빛 바랜 어제
책갈피 속으로 밀어 넣는다

해설

품위, 교양, 공감의 시학詩學을 위하여

권 온 문학평론가 · 문학박사

품위, 교양, 공감의 시학詩學을 위하여

권　온 문학평론가 · 문학박사

1.

한국문인협회 회원이자 김해문인협회 사무국장인 박지현이 첫 시집을 간행했다. 2009년 등단한 이후 활발한 시작詩作으로 주목받고 있는 시인이 시단詩壇에 던지는 웅숭깊은 메시지를 확인할 시간이다. 대학원 석사과정에서 국어국문학을 전공하고 있기도 한 박지현의 시에는 품위가 있다. 그녀의 첫 시집『하얀 성』을 읽는 독자는 바른 인간으로서의 교양을 확인하는 유의미한 행운을 거머쥐게 될 것이다. 우리의 시선은 이제부터 시인의 시 아홉 편에 집중하기로 한다.「배달의 민족」,「고유의 욕망」,「고독의 끝」,「근동댁 웃음」,「화장」,「유통기한」,「한 잔의 차를 마시며」,「하얀성」,「밥그릇 다섯 개」등의 작품에 담긴 삶의 온기를 느껴야 할 시간이다.

2.

잠깐 시동을 켜둔 차가 출발하려는 찰라
쾅—하는 굉음
사거리 앞
배달의 기수가 대각선으로 미끄러지면서
오토바이와 함께 모로 누웠다

빨리 빨리를 외치는 고객과의 약속
타임 알바생에게 원활한 속도를 주문하는 주인
멈춰진
그 속도에 꼼짝하지 않는 영혼
헬멧 사이 쏟아지는 불빛
누구를 위한 숨 가쁜 속도인가

빠른 속도를 주문한 적이 있던
제 삼자의 속절없는 슬픔
웅성거리는 눈빛들
미동도 않는 그는
누구의 자식인가
그 아픈 두려움 앞에
일면식이 없다는 것이
가슴을 쓸어내리는 이유가 되었다

차가 달리는 내내 쓸어내린 가슴은 조금씩 채워졌고
속없는 슬픔이 허공에서 심장으로 곤두박질친다
—「배달의 민족」 전문

본문에 '배달의 기수'가 등장하는 이 시의 제목은 '배달의 민족'이다. 일반적으로 '배달'은 두 가지 의미로 사용된다. 우리는 배달을 '배달倍達'과 '배달配達'로 구분해서 이해한다. 전자前者의 배달은 '우리나라의 상고 시대 이름'을 가리키고 후자後者의 배달은 '물건을 가져다가 몫몫으로 나누어 돌림'을 뜻한다.

원래 '배달의 민족'이나 '배달의 기수'는 '우리 민족'과 관련된 용어인데 이 시에서는 '물건을 유통하다'의 의미로 활용되고 있다. 독자의 입장에서 두 겹의 읽기가 가능한 시는 매력적이다. 효과적인 언어 운용을 실천한다는 점에서 박지현의 이 시는 이미 성공작이다.

2연 6행의 "누구를 위한 숨 가쁜 속도인가"와 3연 1행~2행의 "빠른 속도를 주문한 적이 있던/ 제 삼자의 속절없는 슬픔"과 3연 4행~5행의 "미동도 않는 그는/ 누구의 자식인가"에는 타인의 고통에 반응하는 시인의 태도가 드러난다. 이 시에는 남의 불행에 공감할 수 있는 이들이 많아질수록 건강한 사회가 될 수 있다는 박지현의 믿음이 담겨있다.

세상을 살아가는 것
배고픔을 채우기 위한 고유의 욕망
그 깨우침은 기쁨과 슬픔을 어울러

삶을 지탱하게 한다

속살거리는 바람의 길을 따라가다 보면
휑하니 비어 있는 빈집
스산한 지적도를 그리는
깨어진 그릇의 뒹구는 모습
한때나마
오순도순 나누던 식구들의 얘기가
웃음소리 되어
바람처럼 떠다니다 허공으로 흩어진다

매일매일 먹어도 질리지 않는 밥 숟가락질
그 욕망이 때로는
누구를 간절히 갈망하는 사랑의 시점
밥을 같이 먹는 것에서 시작한다

마음과 육신을 같이 채워
서로의 숟가락질이 익숙해질 무렵
여러 개의 입이 모여 식구가 되어
비로소
퍼 올리는 밥숟가락에
정과 어우러진 사랑이 싹 튼다

—「고유의 욕망」 전문

욕망欲望/慾望은 일반적으로 "부족을 느껴 무엇을 가지거나 누리고자 탐함 또는 그런 마음"을 의미한다. 시인이 이야기하는 '고유의 욕망'은 '배고픔을 채우기 위한' 욕망 곧 '식욕食慾'이다. 박지현은 인간의 가장 본질적인 욕망 중 하나인 식욕을 '세상을 살아가는'데 필수적인 요소로 지목한다. 그녀에 따르면 식욕은 "삶을 지탱하게 한다".

3연 1행의 "매일매일 먹어도 질리지 않는 밥 숟가락질"은 무제한 식욕을 적확하게 포착한 묘구妙句이다. 시인은 '그 욕망' 곧 식욕이 '사랑'으로 연결된다는 사실을 발견한다. "누구를 간절히 갈망하는" 일은 그와 "밥을 같이 먹는 것에서" 출발한다는 사실을 간파한 것이다. 박지현에 따르면 식욕은 사랑이 되고, 사랑이 정情과 어우러질 때 연인戀人은 가족家族과 식구食口가 된다. 시인은 탁월한 통찰력으로 삶의 본질을 투시하고 있다.

임대 아파트가 술렁인다
며칠째 방치된 오십대 남자의 시신
조문객은 11층 아파트를 에워 싼 금파리 떼들
이들이 죽음의 냄새를 아파트 전체로 분사시킨 것이다

사라짐의 시간
죽음은 안개 입자처럼 골고루
복도 안 모든 것들의 어깨 위에 내려앉았지만
아무도 냄새를 맡지 못했다
눈물의 기록을 따라 가 보면 곳곳이 외로움의 자국들

그 간절한 손짓이 굴절되어 살갗 바깥으로 빠져나온 뼈
서로의 손짓이 어긋난 자리
누군가의 입김이 필요로 하는 그 순간부터 이미 빈집이었다

밀폐된 문틈 사이로 죽음의 냄새는
계속해서 손짓을 하였고
보이지 않는 죽음 사이 벽
소통을 위한 몸짓
갇혀버린 혼자만의 시간
그 누구도 알지 못했다

깨끗한 취사도구
원초적 본능보다
외로움이 죽음으로 내몰았고
천 삼백 세대, 아파트에서 고립된 그만의 성에 갇혔다

서로의 손짓이 어긋나는 순간
지구의 작은 귀퉁이를 차지하고 있는 사람들은
다섯 시간에 한 명씩 막막하고
의지할 곳 없는 삶을 중단하고 있다

드디어
청소용역업체가 도착했다
한 사람의 흔적과 눈물이 기록을 지웠지만

그의 냄새는 영원히 허공을 맴돌 것이다

—「고독의 끝」 전문

박지현은 다양한 사회문제를 시화詩化하는데 관심을 기울인다. 「배달의 민족」에서 '빨리빨리'로 요약되는 속도전의 끝에 놓인 '슬픔'과 '두려움'을 이야기했던 시인은 「고독의 끝」에서 '임대 아파트'로 눈길을 돌린다.

임대 아파트 11층에서 며칠째 방치되던 '오십대 남자'의 시신이 뒤늦게 발견되었다. 뒤늦은 발견이나마 가능할 수 있었던 것은 유일한 조문객인 '금파리 떼들'이 "죽음의 냄새를 아파트 전체로 분사시킨" 덕이다.

박지현은 관념적이거나 추상적으로 다가올 수 있는 '죽음'을 '냄새'로써 구체화한다. '죽음'이 아닌 '죽음의 냄새'에 주목함으로써 이 시는 강한 동력을 얻는다. '사라짐의 시간'과 '갇혀버린 혼자만의 시간'은 임대 아파트에 거주하던 오십대 남자의 '외로움'을, 그의 '고독'과 그 끝에 놓인 '죽음의 냄새'를 애도하는 시인의 잊히지 않을 조사弔辭이다.

쉰이 열시를 가리키는데
천명을 아는지 잊었는지
둥지를 떠나지 못하는
사팔뜨기 외아들

늦은 아침 무렵

술병病과 달아난 반쪽
아픔을 가려줄 이소移巢도 못하고
둥지에 눌러 붙게 할
자랑스러운 외아들

하늘이 무거워 아래로 아래로
굽어지는 근동댁
굽은 덩어리에 무동 타는 외아들

팔순의 근동댁
동갑내기 셋,
아들이 낸 돈으로 마을 사람 데리고
기념관광 간다
그녀에도 아들이 있는데…
외아들의 손을 빌려 이장에게 건넨 백만 원
관광버스에 오를 승차권.

굳이 푸른 하늘을 올려다 볼 필요가 없는
근동댁 허리가 뽕짝 트로트에 맞춰
버스 난간에서 펴지고
신나게 리듬에 맞추어 흔들어대는 몸짓
삶이라는 짐을 지고 가로 지르는 사막,
사자이기보다는 낙타로
인내와 희생과 숭고함으로 걸어온 길

마침내 낙타에서 어린아이가 되는
전신의 변신을 시도하고 있다

수레바퀴의 톱날 같은 근동댁의 일상
활짝 핀 망각이 엮은 놀이에서 웃고 있다

—「근동댁 웃음」 전문

이 시의 주요 인물인 '근동댁'은 '근동近洞' 곧 가까운 이웃 동네에 사는 아주머니의 의미로 이해할 수 있겠다. 근동댁의 삶은 신산하다. 그녀에게는 "둥지를 떠나지 못하는/ 사팔뜨기 외아들"이 "둥지에 눌러 붙게 할/ 자랑스러운 외아들"이 "굽은 덩어리에 무동 타는 외아들"이 있다. '팔순의 근동댁'이 혹처럼 매달린 나이 든 아들을 자랑스럽게 생각할 리 만무하다는 점에서 '자랑스러운 외아들'이라는 표현은 아이러니하다.

'근동댁 웃음'이라는 이 시의 제목을 이해하려면 5연과 6연에 집중해야 한다. '수레바퀴의 톱날 같은 근동댁의 일상'이 일시적인 해방을 맞이하는 순간은 언제인가? "근동댁 허리가 뽕짝 트로트에 맞춰/ 버스 난간에서 펴지고/ 신나게 리듬에 맞추어 흔들어대는 몸짓"은 얼마나 쾌활한 정경인가?

근동댁은 '삶이라는 짐을 지고 가로 지르는 사막'의 한 마리 '낙타'였다. '인내와 희생과 숭고함으로 걸어온 길'에서 '낙타'는 '사자'가 될 수 없었다. 그녀에게는 자신의 것이 아닌 것을, 자신에게 맞지 않는 옷을 과감하게 벗어버릴 수 있는 용기가 없었다. 인내와 희생과 숭고함이라는 그럴듯한 이름의 포장지를 함부로

뜰을 수 없었다. 하지만 근동댁은 “마침내 낙타에서 어린아이가 되는/ 전신의 변신을 시도”한다.

박지현은 니체Nietzsche가 『자라투스트라는 이렇게 말했다Also sprach Zarathustra』에서 언급한 낙타, 사자, 어린아이의 이야기를 개성적으로 해석하여 근동댁의 삶을 ‘놀이’와 ‘웃음’으로 이끈다. “활짝 핀 망각이 엮은 놀이에서 웃고 있다”라는 이 시의 마무리는 근동댁의 변신 시도가 비록 일시적이지만 그녀에게 진정한 자유를 선물하였음을 확인하는 공간이다.

고통을 통해서 자신을 돌아다 본
필연 아닌 우연인 삶,
그 우연마저도 운명으로 받아들인
술래잡기 같은 일생
씨줄과 날줄로 교차된
미움과 사랑의 생,

감당하기 버거운 무게로
화장化粧을 한 그녀는
잔인하리만치 시린 바람을
가슴으로 받아 내면을
화사하게 화장化粧 했다

불행의 제 꼬리를 무는 잠자리는
힘겨운 그녀 생의 초라한 실루엣

그악한 세월의 짙은 화장化粧
슬픔의 화장수로 지우고

그리움과 아픔의 자리를 털고 일어나
화장火葬을 하러 자작자작
걸어가고 있다

—「화장火葬」 전문

「배달의 민족」과 유사하게「화장」 역시 두 겹의 읽기가 가능한 매력적인 시이다.「배달의 민족」이 '배달倍達'과 '배달配達'을 견주었다면「화장」은 '화장化粧'과 '화장火葬'을 대본다.

박지현은 1연에서 '삶'을, '인생'을 규정한다. 시인에 따르면 '생生'은 '고통'이고 '우연'이며 '운명'이다. 그것은 또한 '술래잡기'이고 '미움'이며 '사랑'이다. 시인은 내적 모순의 존재로서의 인간을, 그의 삶을 적확하게 규정하고 있다.

2연과 3연은 '화장化粧'을 강조한다. '그녀'는 왜 화장을 하는가? '그녀'는 왜 화장을 하지 않을 수 없는가? '그녀'는 자신의 외관外觀과 내면을 동시에 화장한다. '그녀'는 '그악한 세월'이 강요하는 '불행'과 '슬픔'을 짙은 화장으로 가리고 싶었는지도 모른다.

4연에는 '화장火葬'이 등장한다. '그녀'는 '아픔'이자 '그리움'이며, '미움'이자 '사랑'이고, '우연'이자 '운명'인 인생을 '화장'하려고 걸어간다. 우리는 이 대목에서 화장化粧으로 덧칠한 삶을 화장火葬함으로써 새로운 생명력을 체감한다.

새털 같은 날들
가랑잎 모으듯 긁어모았지만
날개보다는 관절만 어긋난 경첩

한 끼의 공기밥이 공기처럼 메워지고
고만고만한 밥상에서 채울 수 없는

몸의 기력과 윤활유가 소진된
유통기한 지난 호모 사피엔스

냉장고를 열고 우유를 마시려는 순간
지나버린 날짜가 선명하다
명命을 다한 유통기한 속의 우유는
신선한 유효기간을 안고 있다
닳아져가는 육신의 유통기한
마음이 채워지지 않는 무한한 허기
유효기간으로 싱그러운 삶을 이어가고 있다

—「유통기한」 전문

이 시의 제목인 '유통기한流通期限'은 주로 식품 따위의 상품이 시중에 유통될 수 있는 기한을 의미한다. 박지현이 여기에서 '식품 따위의 상품'의 자리에 배치하는 대상은 두 가지이다. 하나는 '우유'이고 다른 하나는 '호모 사피엔스Homo sapiens' 또는 '육신肉身'이다. 우유는 식품의 일종이므로 유통기한과 어울리는 대상이다. 흥미로운 점은 시인이 인간의 유통기한을 이야기한다는 사실이다.

박지현은 "냉장고를 열고 우유를 마시려는 순간" 우유의 유통기한이 지났음을 깨닫고, 스스로의 유통기한 곧 육체의 유통기한을 생각했을 게다. 우리는 애써 부정하곤 하지만, '생자필멸生者必滅'이라는 말이 있지 않은가? 시인에 따르면 인간은 누구나 "몸의 기력과 윤활유가 소진된/ 유통기한 지난 호모 사피엔스"가 되었거나, 되는 중이거나, 될 것이다. 100세 시대가 열렸다고 야단이지만 불혹不惑만 넘겨도 "닳아져가는 육신의 유통기한"을 느끼는 것이 사실이다. "마음이 채워지지 않는 무한한 허기"가 찾아올 때 인간은 어떻게 "싱그러운 삶을 이어"갈 수 있을까? 시를 읽은 후 남아있는 여백과 여운이 에스프레소처럼 진하다.

> 지난 봄,
> 종달새 소리 품은 새순으로 제다製茶한 세작
> 그득한 찻잔에 봄 햇살 내려앉았다
>
> 생의 처음 들뜸이 우려낸
> 풋 비린내 나는 밋밋한 첫 번째 차
> 거품으로 가린 상처들의 거름망이다
>
> 무모함마저도 멋으로 포장되어버린 젊음
> 향과 맛도 푸른 두 번째 차
> 보탤 것 없는 아름다움이 사랑스럽다

분노, 절망, 체념이 물든 가슴
거품도 가라앉고 맛도
흘러가 버린 세 번째 차
상선약수上善藥水다

한 잔의 차를 마신다는 것
처음의 비린 맛과 끝의 쓴 맛
한 생애를 머금고
찻잔 속에 녹아 있는 또 다른 삶과 어우러진다

— 「한 잔의 차를 마시며」 전문

상큼한 시이다. 1연의 '봄'과 '종달새 소리'와 '새순'이 담긴 '찻잔'에는 서정성이 그득하다. 2연을 '첫 번째 차'로, 3연을 '두 번째 차'로, 4연을 '세 번째 차'로 연결하여 진술한 작품의 구조 역시 그럴 듯하다.

박지현은 '첫 번째 차'를 '처음'과 '들뜸'과 '풋 비린내'와 '상처들'로 해석한다. 시인은 '두 번째 차'를 '무모함'과 '젊음'과 '보탤 것 없는 아름다움'으로 규정한다. 그녀에 따르면 '세 번째 차'는 '분노, 절망, 체념이 물든 가슴'이다. 거기에는 '첫 번째 차'의 거품도 없고, '두 번째 차'의 맛도 없다. '세 번째 차'는 '상선약수上善藥水'인 것이다. 이는 노자老子의 말인 '상선약수上善若水'를 창의적으로 응용한 경우가 된다.

작품의 마무리인 5연에서 박지현은 '한 잔의 차를 마신다는 것'을 "한 생애를 머금고/ 찻잔 속에 녹아 있는 또 다른 삶과 어우러진다"고 이해한다. 우리는 시인의 조언에 귀 기울이면서 삶의 다양한 국면을 조화롭게 포용해야하지 않을까?

가끔 헛헛해진 마음을 안고 찾아가는 보수동 헌책방 골목, 먼지에 쌓인 책들의 행간을 읽는다. 아무렇게 굴러다니다 쓰레기처럼 실려 온 활자들, 골목 사이 햇살에 묻혀 자신의 길을 잃어버렸다. 책갈피 사이의 한자 한자 정성들인 세계, 그 풋풋한 설렘 위에 먼지만 쌓인 낡은 서점, 그곳은 순백의 하얀성처럼 모든 것을 한 순간 바꾸어버릴 깊은 진실이 숨겨져 있다.

파피루스의 기록을 따라 가는 여정은 반복된 일상에서 벗어나 또 다른 세계를 꿈꾸는 나를 찾아가는 길, 권태로운 삶에 익숙한 내가 낯선 나를 위해 떠날 차비를 한다. 시야를 가리고 있는 뿌연 안개를 더듬어 스멀스멀 분출하는 용암처럼 또 다른 세계를 엿보는 노마드가 되어 짐을 꾸린다.

관습의 옷을 걸친 꿈을 잃은 고래들, 국경의 경계를 넘어 미지를 향하는 호모 노마드, 새로운 욕망은 길들여진 습관에서 벗어나는 것, 잃어버린 기억 언저리를 바꾸어 살아가는 삶을 상상한다.

파피루스엔 지나온 시간의 향기가 깊숙이 배어들어 살아온 기억이 문신처럼 새겨졌다. 아슴아슴 사그라지는 해가 지기도 전에 취해버린 오렌지 빛 노을, 그 취기는 전신으로 퍼지고 아직도 유효한 환상의 연금술, 나를 찾기 위한 시도를 한다.

—「하얀성」 전문

시의 화자 '나'와 시인 박지현이 자연스레 오버랩overlap되는 작품이다. 산문시prose poem의 일종인 이 시의 무대는 '보수동 헌책방 골목'이다. '나'가 그곳을 찾은 이유는 무엇일까? '헛헛해진 마음'이 들 때, "반복된 일상에서 벗어나 또 다른 세계를 꿈"꿀 때, "권태로운 삶에 익숙한 내가 낯선 나를 위해 떠날 차비를" 할 때, "길들여진 습관에서 벗어나"려고 할 때 '나'는 보수동 헌책방 골목을 찾아간다.

'나'는 그곳에서 "모든 것을 한 순간 바꾸어버릴 깊은 진실"을 찾는, "또 다른 세계를 엿보는 노마드가 되어 짐을 꾸린다." 보수동 헌책방 골목에서 '나'는 더 이상 '관습의 옷을 걸친 꿈을 잃은 고래들' 중 하나가 아니다. 이제 '나'는 "잃어버린 기억 언저리를 바꾸어 살아가는 삶을 상상한다." 자크 아탈리Jacques Attali가 이야기한 호모 노마드homo nomad 곧 "국경의 경계를 넘어 미지를 향하는 호모 노마드"의 일원이 된 것이다.

'나'는 시로 쌓아올린 '환상의 연금술'을 꿈꾼다. 박지현에게 시 쓰기는 '나를 찾기 위한 시도'이다. 시인이 찾으려는 '순백의 하얀성'은 손에 잡힐 듯 잡히지 않는 상징의 세계이다. 오르한 파묵Orhan Pamuk의 소설 '하얀 성(터키어:Beyaz Kale, 영어:The White Castle)'에 제시되는 '하얀 성'과 같은 대상인 것이다.

공이 통통 튀듯 쾌활한 여자
여행 다녀와서 준 선물

그녀와 나 사이

포근한 가교를 만들어 준 선물
하늘 빛 바탕에 벚꽃문양이 선명한
밥그릇 다섯 개
가 보지 못한 일본 풍경
한 그릇씩 담아 먹는 밥그릇 다섯 개

매일 먹는 끼니만큼 지루하면서도 기꺼운 사이
처음처럼 머물지 못하고
어느 결에 틈새가 벌어지는 서로의 마음자리

종내는
한 개의 밥그릇으로 남겨져
서로의 상처난 마음
모서리에 밀어 넣듯
그릇장 한 귀퉁이에 남겨진
그녀의 선물

—「밥그릇 다섯 개」 전문

'여자'와 시의 화자 '나'의 관계를, '그녀와 나 사이'를 다루는 시이다. '공이 튀듯 쾌활한' 성격의 여자이기에 '여행 다녀와서' 선뜻 선물도 주었을 테다. '하늘 빛 바탕에 벚꽃문양이 선명한' '가 보지 못한 일본 풍경'이 아름답게 새겨진 '밥그릇 다섯 개'는 둘 사이에 '포근한 가교를 만들어 준 선물'이었을 게다.

'매일 먹는 끼니만큼 지루하면서도 기꺼운 사이'는 왜 '처음처럼 머물지 못하고' '어느 결에 틈새가 벌어지'게 되었을까? 왜 서로의 마음에 상처를 주게 되었을까? 이런 경우 누구의 잘잘못을 따지는 일은 생산적일 수 없을 테다. 이제 '그녀의 선물'은 "모서리에 밀어 넣듯/ 그릇장 한 귀퉁이에 남겨진"것이다. 그냥 그렇게 되어버린 것이다. 여느 인간관계가 그러하듯이 그냥 그렇게 흘러가 버린 것이다. 단순한 구도이지만 사실감이 생생한 가편佳篇이다.

3.

우리는 박지현의 첫 시집 『하얀성』을 읽기 시작하면서 시인의 시에 담긴 품위와 교양과 삶의 온기를 기대하였다. 그녀는 효과적인 언어운용을 실천하였고 두 겹의 읽기가 가능한 시편을 보여주었다. 박지현은 「배달의 민족」에서 '배달倍達'과 '배달配達'을 견주었고 「화장」에서는 '화장化粧'과 '화장火葬'을 대보았다.

시인은 또한 다양한 사회문제를 시화詩化하는데 관심을 기울인다. 「배달의 민족」에서 '빨리빨리'로 요약되는 속도전의 끝에 놓인 '슬픔'과 '두려움'을 이야기했다면 「고독의 끝」에서는 '임대아파트'의 '고독사孤獨死'로 눈길을 돌린다. 타인의 고통에 반응하고 남의 불행에 공감하는 박지현의 태도는 건강한 사회를 이끄는 초석이 될 것이다.

박지현의 시집 『하얀성』을 읽는다는 것은 니체Nietzsche와 노자老子를 만나는 일이자 자크 아탈리Jacques Attali와 오르한 파묵Orhan Pamuk을 경험하는 일이다. 시인의 시 세계에서 발견하게 되는 품위와 교양은 우연의 소산이 아니다. 그녀는 시 세계의 확장과 심화를 위해서 끊임없이 노력하는 시인이다.

「유통기한」이나 「밥그릇 다섯 개」에 드러나듯이, 박지현은 일상의 세목細目에서 인간과 삶의 본질적인 국면을 파악한다. 단순하고 소박한 구조 속에서 길어 올리는 생생한 사실감은 시인의 시를 더할 나위 없이 매력적인 작품으로 전환한다. 한국시의 미래가 궁금한 독자라면 박지현 시인의 앞으로의 행보를 주목하지 않을 수 없을 것이다.

박지현 시집

하얀성

발　　행 2017년 12월 10일
지 은 이 박지현
펴 낸 이 반송림
편집디자인 김지호
펴 낸 곳 도서출판 지혜
계간시전문지 애지
기획위원 반경환 이형권 황정산
주　　소 34624 대전광역시 동구 선화로 203-1, 2층 도서출판 지혜 (삼성동)
전　　화 042-625-1140
팩　　스 042-627-1140
전자우편 ejisarang@hanmail.net
애지카페 cafe.daum.net/ejiliterature

ISBN : 979-11-5728-259-3 03810
값 10,000원

경남문화예술진흥원
GYEONGNAM CULTURE AND ARTS FOUNDATION

* 이 시집은 경남문화예술진흥원 예술육성지원 사업 창작지원금으로 제작되었습니다.

박지현 (본명 : 박애향)

박지현 시인은 2015년 인제대학교 대학원 국어국문학과를 수료(석사)했고, 2009년『새시대문학』가을호로 등단했다. 현재 한국문인협회 회원과 김해문인협회 사무국장으로 활동하고 있다.
박지현의 첫 시집『하얀성』은 인간적인 품위와 교양과 삶의 온기가 배어 있는 시집이며, '순백의 하얀성'으로 '나'를 찾아 떠나는 존재론적 성찰의 시집이라고 할 수가 있다. 박지현의 첫 시집『하얀성』을 읽는다는 것은 니체Nietzsche와 노자老子를 만나는 일이자 자크 아탈리Jacques Attali와 오르한 파묵Orhan Pamuk을 경험하는 일이다. 시인의 시세계에서 발견하게 되는 품위와 교양은 우연의 소산이 아니다. 그녀는 시세계의 확장과 심화를 위해서 끊임없이 노력하는 시인이다.

이메일 : ae5125@hanmail.net